Aristide Mercier

# Un EHPAD
# vu par un résident

# Sommaire

Édition : BoD – Books on Demand, info@bod.fr
Impression : BoD –  Books on Demand, In de Tarpen 42,
Norderstedt (Allemagne)
Impression à la demande

ISBN : 978-2-3225-0455-8

Dépôt légal : novembre 2023

# PARTIE I

## Un EHPAD vu par un résident

### I.

Je suis arrivé à l'EHPAD dans la première quinzaine de janvier. Je loge seul dans une chambre.

Mon épouse est arrivée un peu avant. Elle loge dans une autre chambre. Entre nos deux chambres il y a une distance de 100 pas environ. Je vais souvent la voir et je constate souvent qu'elle n'est pas suffisamment vêtue.

En effet, les personnes qui ouvrent les fenêtres ne restent pas dans le courant d'air frais qui s'établit. Prises par d'autres tâches, elles oublient de refermer la porte au bout de 10 ou 15 minutes.

### II.

Mon épouse a la maladie de Parkinson Elle ne sait pas appeler à l'aide. De plus, elle ne sait pas se servir du bouton rouge qui permet de demander de l'eau, un vêtement chaud ou autre chose.

Auparavant, elle pouvait téléphoner et recevoir des appels. Maintenant, elle n'a plus de téléphone car elle ne sait plus s'en servir.

Lorsque j'entre dans sa chambre, je lui pose deux questions : « As-tu froid ? As-tu soif ? »

Au moment des repas, des aides-soignantes portant le vêtement rose coupent en petits morceaux la viande et tout ce qui est gros.

Il m'arrive de manger à 12h45 avec mon épouse. Je constate que les aides-soignants et soignantes se débrouillent mieux que moi.

## III.

Dans toutes les chambres, il y a des avantages et des inconvénients (personnes qui font marcher la télé ou la radio très fort en laissant la porte ouverte...qui éternuent souvent... qui parlent seules sans arrêt...qui créent des courants d'air...)

Je suis habitué aux nuisances de ma chambre.

## IV.

Je suis habitué à l'une de mes voisines qui dit « allo » le jour et la nuit C'est une personne très gentille et très polie. Elle cherche à aider celle qui s'égosille.

En ce moment, elle est au lit et ne peut plus marcher avec d'infinies précautions...Je me suis demandé si je devais comprendre « Allo ou A l'eau ».

« Allo » est un souhait d'entrer en communication avec sa famille.

Rester alitée seule toute la journée est pénible.


## V.

La nuit ou le jour, quand j'entends « allo », j'appuie sur **mon** bouton rouge qui permet de faire venir la personne de service qui va d'abord supprimer l'appel sur mon tableau d'affichage, puis constater d'où viennent les appels de détresse.

Si cela se passe la nuit à 2 h ou 4h du matin, on peut espérer se rendormir sans trop d'attente. Sinon s'armer de patience.


## VI.

L'une de mes voisines est parfois très bruyante. Elle prononce plusieurs fois des phrases du genre : « Au secours ! Au secours ! A l'aide ! A l'aide ! Alarme ! Elle finit par sangloter. Et cela pendant un temps très long. Personne ne bouge. Si c'est la nuit, je finis par téléphoner à l'accueil qui me dirige vers une infirmière en appuyant sur le 1.

Il m'arrive d'aller voir la raison pour laquelle cette voisine hurle. Si c'est parce qu'elle est tombée par terre, je téléphone à l'accueil. Dans ce cas, la réaction est rapide. Une infirmière accourt pour résoudre ce problème.

Si c'est pour une autre raison, personne ne bouge, ou alors au bout d'un laps de temps plus ou moins long, car cette dame appelle souvent et qu'il y a 92 résidents.

## VII.

Depuis quelques jours, je la rencontre dans le couloir. Quelquefois, elle me dit :

— Je ne sais pas où je suis ; où est ma chambre ?

Alors, je lui réponds :

— Derrière vous ! Regardez ! votre nom et votre prénom sont marqués sur la porte, ainsi que votre numéro de chambre.

Quand elle se trouve un peu plus loin dans le couloir, je lui indique une direction… ou bien je lui dis :

— Suivez-moi !

## VIII.

En marchant dans le couloir il m'arrive de voir une autre dame assise devant sa chambre qui me dit :

— Je ne sais pas où je suis !

Je tente de la rassurer en lui montrant son nom sur la porte.


IX.


La maladie de mon épouse l'empêche de se rappeler d'un tas de choses apprises récemment comme le numéro de sa chambre. Alors, je récite avec elle une comptine qu'elle a elle-même apprise à ses élèves de CP ou de maternelle. Voici un exemple :


Ma main
Voici ma main. Elle a cinq doigts.
En voici deux ; en voici trois.
Le premier, le petit bonhomme
C'est le gros pouce qu'il se nomme.
L'index, qui montre le chemin,
Est le second doigt de ma main.
Entre l'index et l'annulaire,
Le majeur paraît un grand frère.
Le minuscule auriculaire
Marche à côté du grand frère.
Regardez mes doigts travailler,
Chacun fait son petit métier.


Pour entretenir sa mémoire, je lui pose la question : Trouve les synonymes des mots suivants : crier, soldat, cité, écolier, solide, défendre.

Et puis du calcul mental :

(25+40) – 15
(62-11) + 36
(7 X 5) – 26


Trouve cinq mots se terminant par « elle ».


## X.

M'apercevant que sa main gauche s'ouvre moins bien que sa main droite, je lui demande d'ouvrir et fermer ses mains en écartant les doigts et cela plusieurs fois.


## XI.

Dans l'EHPAD qui signifie Établissement d'Hébergement pour Personnes Âgées Dépendantes, il y a plusieurs types d'employés :

- La directrice

- Le médecin coordonnateur - Medco.

- Les 5 infirmières habillées en jaune. Elles soignent, apportent les médicaments. Elles se déplacent souvent avec une pharmacie ambulante.

- Les aides-soignantes habillées en rose et en blanc et les aides-soignants vêtus de blanc.

- Les femmes de service habillées en bleu et blanc. Le matin, elles enfilent les bas de contention, elles apportent le petit déjeuner, les repas de midi et du soir. Elles débarrassent les tables, font les lits et, le soir, elles enlèvent les bas de contention. Au moment des repas, dans la grande salle, elles apportent le pain, l'eau, le vin, la soupe, le plat de viande ou de poisson, le fromage, le dessert et le café. Elles ne sont souvent que 2 ou 3.à servir. Elles doivent aussi débarrasser ce qui a servi. Cela exige un grand travail. Elles font tout cela avec patience et gentillesse.

- La psychologue qui, une heure par semaine, nous invite à faire des jeux du genre : -

  o Trouvez les synonymes des mots crier, soldat, défendre, etc.
  o Du calcul mental :

    (7X5) – 26

    (81  X 2) - 63

    (43X3) – 30

  o Cherche cinq mots terminés par « ette »

## XII.

C'est l'après-midi. Une de mes voisines qui est au lit appelle :

— Allo allo… papa ! Allo ! Allo allo papa !

Je décide d'aller la voir.

— C'est votre voisin !

— Comment ? Je ne comprends pas !

En articulant et en parlant très fort : « je suis votre voisin ! »

— Je ne comprends pas !

Ce n'est pas de sa faute si elle ne comprend pas. C'est la mienne ! On me reproche souvent de ne pas parler fort.

— Je vais téléphoner à l'accueil !
— Où ?

A l'accueil on me répond qu'une personne va passer.

— Allo ! Allo !

Après plusieurs minutes, je n'entends plus Allo ; mais des éclats de voix réconfortants. Des paroles prononcées par une dame en rose ou une infirmière.

Ayant refermé ma porte, je ne comprends pas le dialogue.


XIII.

Ce matin, vers 1h30, alors que tout le monde dort profondément, une voix forte se fait entendre

— Au secours ! au secours ! à l'aide ! à l'aide ! Alarme !

Dans mon sommeil il me semble entendre :

— J'ai soif

Pas de réaction du service de nuit…Après quelques minutes je suis complètement réveillé et les appels continuent. J'entends des sanglots. Que faire ? Est-ce une assistance à personne en danger ? Je cherche mon téléphone et j'appelle l'accueil. On me dirige vers le bureau des infirmières. Au bout de quelques longues minutes, j'entends des éclats de voix. Le service de nuit a enfin réagi. Je ne sais pas ce qui se dit ; mais le calme revient grâce à ce service qui doit s'occuper de 92 résidents…Maintenant il faut essayer de se rendormir à 2h du matin !

Dès les premiers hurlements, il faudrait, apporter un verre d'eau et prononcer quelques paroles gentilles pour espérer un retour au calme.


XIV.

Ce jour, à 10h du matin, la personne qui dit « allo » prononce des « A l'aide répétitifs » Elle n'a sans doute pas appuyé sur le bouton rouge car personne ne bouge ! Sa voix est plus discrète que celle qui hurle des « A l'aide » et des « Au secours » et qui finit par pleurer.

J'en ai parlé à un infirmier vêtu de blanc. Il m'a répondu qu'il y avait 92 résidents dans cet EHPAD.


XV.

On y rencontre plusieurs personnes :

- Celles qui marchent plus ou moins facilement en étant debout
- Celles qui ont besoin d'une canne
- Celles qui ont besoin d'un déambulateur ; il y en a de différentes sortes.
- Celles qui peuvent s'asseoir sur une chaise roulante ; mais qui peuvent avancer ou reculer avec les pieds.

- Celles qui sont assises sur un fauteuil roulant et qui se déplacent en tournant les roues avec les mains.
- Celles qui doivent marcher en repérant des points d'appui (portes, hauts de chaises, lavabo, tables…)


XVI.

La nuit, il faut aller aux toilettes avec d'infinies précautions…toujours, la peur de tomber…

Prendre une douche seul est compliqué. Il faut se tenir aux barres avec une seule main.

Peu à peu, on éprouve le besoin de se faire aider en s'adressant à une aide-soignante.

Et puis il y a celles qui sont, soit couchées sur un lit, soit assises toute la journée car elles ne peuvent pas rester debout.

Il y a le problème des couches : les petites qui permettent d'aller aux toilettes la nuit et le jour.

Les grosses qui doivent être changées pendant la nuit.

## XVII.

Au cours de l'année dernière la grille d'aération a fait entendre un bruit gênant. L'un des factotums a remplacé la grille par un grand bout de chiffon. Le bruit a disparu. Au cours de l'année la grille a été remplacée par le chiffon deux ou trois fois.

La dernière fois c'est le 2e factotum qui a remis la grille. Le bruit a été remplacé par la gêne actuelle : odeurs de fumées lorsqu'il y a du vent le jour et la nuit dans ma chambre. Il a bouché la grille murale de la salle de bain ; mais cette odeur revient par moment. Est-ce la bonde du lavabo ? Ou celle de la douche ?

## XVIII.

En passant devant la porte d'une voisine, je lui ai dit :

— SVP ne criez pas la nuit.

Elle sembla ne pas comprendre et me répondit :

— Qu'est-ce que je dis ?

— Vous criez « A l'aide ! Au secours ! Alarme ! et vous finissez par sangloter »

Elle me répondit d'une voix douce :

— Je m'excuse !

Je souhaite que cette prise de conscience apporte du changement dans les prochaines nuits.


## XIX.

Le matin, j'attends la sonnerie de ma radio qui est censée me réveiller à 6h50 pour pouvoir l'arrêter en appuyant sur la touche « arrêt ». Puis j'attends que les dames en bleu viennent mettre les bas de contention. Il faut être très patient. Cela peut être à 7h10, 7h15, 7h20, 7h25, 7h30 ou 7h35. Il doit y avoir une raison valable. Sans les bas, je ne peux pas mettre mon pantalon. Alors, je me promène en slip en m'occupant : prise de compléments alimentaires, les quatre gouttes de Vitamine D dans un verre d'eau, des gélules, des comprimés... Il faut aussi changer la table de place pour limiter les déplacements. Tout est étudié. Tout a une fonction !

Puis, j'attends le petit déjeuner apporté par une dame en bleu. J'ai demandé qu'on ne m'apporte pas de jus d'orange ; mais je le trouve souvent sur la table. J'ai demandé un demi-bol de café ; mais mon bol est souvent rempli aux trois quarts. Je pourrais en verser dans le lavabo ; mais le trajet aller-retour est rempli d'obstacles. Je préfère en laisser une partie au fond du bol.


## XX.

Certaines dames ont vite compris qu'il ne fallait pas apporter de jus d'orange et trop de café. D'autres non.

Les aides-soignantes et les dames en bleu sont tellement sympathiques et gentilles que j'accepte avec patience ces petits inconvénients.

J'attends aussi une des élégantes infirmières vêtues de jaune qui m'apporte une gélule et des gouttes dans les yeux.


## XXI.

Les dames en rose, en bleu et en jaune sont agréables, polies, souriantes. Elles connaissent mon nom quand je les rencontre dans le couloir. Les hommes en blanc sont polis et souriants.


## XXII.

Je suis assis sur le fauteuil de couleur orange et j'attends mon petit déjeuner.

J'allume la télé et je baisse le son pour ne pas déranger mes voisins. Pour ne pas entendre les éclats de voix, je ferme la porte qui donne sur le couloir.

A ce moment-là, la porte s'ouvre !

J'entends alors des sons qui arrivent du couloir (éclats de voix, bruit d'assiettes, d'ustensiles divers qui s'entrechoquent bruyamment, rires aux éclats).

J'ai trois solutions à ce problème :

Soit me lever pour refermer la porte en marchant prudemment pour ne pas tomber,

Soit augmenter le volume de la télé, soit l'éteindre.

Depuis trois semaines, je constate une amélioration. Plusieurs dames ferment la porte derrière elles. Je les en remercie.


## XXIII.

Vendredi 11h, c'est l'heure d'aller dans une petite salle attenante à la grande salle à manger.

La psychologue attend une dizaine de personnes qu'elle a invitées en leur donnant une invitation nominative. Des exercices, des crayons, des gommes sont posés sur la longue table. Il faut d'abord identifier et mémoriser 6 images, puis faire du calcul mental. Il faut ensuite trouver « des mots commençant par les lettres données et correspondant aux catégories énoncées : Animal, Oiseau, Fruit de mer, Métier, Pays avec les lettres P, M, H, C »

Dans l'exercice suivant il faut compléter chaque phrase en retrouvant le mot dont les lettres ont été mélangées. Ex : Je suis allée voir ma sœur à la EMTENIART après son accouchement. Et puis associer chaque végétal à sa catégorie. Ex : Epice et Cannelle. Et enfin, restituer les images mémorisées.

Je constate que la psychologue anime ce questionnaire avec un plaisir manifeste. Elle est gaie, souriante et aide gentiment les personnes en difficulté.


## XXIV.

Je constate aussi que, parmi les dames, l'AFRIQUE est bien représentée.


- Le BURKINA - FASO– Capitale : Ouagadougou
- La CÔTE D'IVOIRE -Capitale : Yamoussoukro
- Le SENEGAL - Capitale – Dakar
- Le CAMEROUN - Capitale Politique - Yaoundé et capitale économique - Douala
- La GUINEE – Capitale – Konakri
- Le GABON – Capitale – Libreville
- Le MALI - Capitale – Bamako
- Le SOUDAN – Capitale – Khartoum
- Le TOGO – Capitale -Lomé
- La République du CONGO – Capitale– Brazzaville
- La République démocratique du CONGO - Capitale- Kinshasa
- L'ETHIOPIE – Capitale : Addis-Abeba
- L'ALGERIE – Capitale : Alger
- Le MAROC – Capitale : Rabat
- Et aussi La TUNISIE – Capitale : Tunis

# XXV.

Pour éviter de faire trop de pas, tous les objets ont une FONCTION.

Dans la salle de bain, par exemple, il y a un récupérateur de couches usagées. J'en laisse une sur le couvercle pour essuyer la dernière goutte afin de ne pas l'avoir dans mon pantalon. Eh bien, lors du nettoyage cette couche disparait. Je n'ai rien à dire car cette dame fait son travail. Je n'ai plus qu'à me servir :

- soit de papier hygiénique,
- soit attendre jusqu'au lendemain matin,
- soit en prendre une neuve.

J'ai opté pour un changement de couche. Je n'ai pas attendu le lendemain matin.

Le 7 juillet, une aide-soignante a réglé ce problème ; Elle a jeté la couche et l'a remplacée par un gant qui peut être lavé. C'est plus hygiénique !

Sur la grille de la douche, j'ai mis un carton glacé sur lequel j'ai placé un des pieds de la chaise blanche ; il est censé arrêter les odeurs.

Eh bien, après le nettoyage, tout a été enlevé. Il ne me reste plus qu'à chercher un autre carton ! Je viens de le retrouver, caché derrière l'étagère murale !

Sur le lavabo, j'ai rangé des objets divers selon un ordre précis. Après le nettoyage, les objets ont changé de place ou ont disparu.

Heureusement tout n'est pas négatif : J'ai la joie de trouver mon lit bien fait, le plancher bien propre et la chambre aérée. Je dis « merci » à ces dames en bleu.


XXVI.

Il m'arrive de jouer à la belotte lorsque toutes les conditions sont réunies. Je fais équipe avec M. L. qui mange à ma table contre un couple originaire du Nord-Est de la France.

Si ce n'est pas possible, je joue au scrabble et le couple au rami.

Au début, nous jouions sur les tables situées dans l'espace où l'on peut voir une peinture représentant des mimosas ; mais la clim nous a fait fuir.

Nous avons trouvé une place située près des ascenseurs. En déplaçant les tables, nous avions trouvé un endroit presque parfait ; mais quelqu'un nous a « piqué » la table.

Alors nous envisageons d'aller nous installer dans le hall d'entrée. Nous l'avons déjà expérimenté en jouant au scrabble.

XXVII.

Parlons **vocabulaire :** J'entends souvent « j'arrive ! on arrive ! A tout à l'heure ! A plus tard ! A tout de suite !

**« J'arrive »** est précis. C'est la personne qui parle et qui utilise le pronom personnel « je » Mais, elle arrive quand ? Dans 5 minutes ? 15 min ? Une heure ? Notons qu'elle n'utilise pas le futur simple : « j'arriverai dans 5 mn……15 min…

**« On arrive »** commence par le pronom indéfini « on ». On ne sait pas qui arrivera. Est-ce la directrice ? la psychologue ? une dame en bleu ? une infirmière ?

**« A tout à l'heure »** Dois-je comprendre que le temps d'attente ne dépassera pas 60 min ?

**« A plus tard »** indique une durée d'attente supérieure à 60 minutes. Peut-être « à la fin de la matinée ? Dans l'après-midi ? Le soir **?** »

**« A tout de suite »** signifie : sans délai ! immédiatement.

XXVIII.

Pour me déplacer dans ma chambre, j'ai conçu un système qui limite mes pas. Pendant la journée, je place la table près du fauteuil orange qui est situé près de la porte-fenêtre et de la partie latérale droite de mon lit. C'est là que je prends mon petit déjeuner et le repas du soir.

En prévision de la nuit, je déplace la table vers la partie latérale gauche du lit, celle qui est du côté de la porte d'entrée et de la salle de bain. Ainsi, je peux disposer pendant la nuit, d'objets proches : petite lampe, téléphone, bouteille d'eau, verre, télécommandes, radio-réveil, etc… Certaines dames en bleu m'aident à déplacer la table.

Le lendemain, tout recommence…

XXIX.

8 juillet. Deux dames en bleu ont fait le lit en bavardant et sont reparties en laissant la porte grande ouverte. Ainsi je peux entendre les bruits du couloir qui sont souvent élevés en décibels. Peut-être que cela est fait dans une bonne intention : aérer la chambre par exemple ! Je n'ai plus qu'à me lever et prendre la longue canne qui permet d'agir à distance comme attraper un objet sous le lit, fermer la porte, agripper et déplacer une paire de sandales…

XXX.

Tous les mois, il y a des activités l'après-midi. Voici un extrait de celles du mois de juillet :

- Tous les jeudis à partir de 15 h : Activité physique adaptée. Ceux et celles qui participent sont assis sur des chaises ou des fauteuils roulants. Personne n'est debout.
- Vendredi 17 : Après-midi Papotage
- Mardi 18 : Séance cinéma « La Provence »
- Mercredi 19 : Loto
- Vendredi 21 : Qui veut gagner des millions
- Lundi 24 : Après-midi Scrabble
- Mercredi 26 : Quiz musical
- Jeudi 27 : Aquarelle
- Vendredi 28 : anniversaires de juillet avec un chanteur ou une chanteuse.
- Et une fois par mois : Office religieux.

XXXI.

Il est 16h15. On frappe à la porte car c'est l'heure du goûter.

> — Que voulez-vous ? Une banane ?
> — Non ! j'en ai déjà une !
> — Une pêche ?
> — Non !

J'opte pour un yaourt sucré. En repartant, la dame en bleu laisse la porte grande ouverte. Je décide d'aller la refermer. En m'agrippant à diverses parties du mobilier, je parcours cinq ou six mètres. Puis j'attrape la canne spéciale avec ma main droite. Je dois la transférer dans mon autre main. C'est là que je dois faire très attention. Un faux mouvement et c'est la chute en arrière ! et je suis loin du bouton d'alarme et de mon téléphone. Je réussis le transfert en me tenant à un encadrement de porte avec la main droite. J'agrippe la poignée de la porte d'entrée, la fais pivoter. Je n'ai plus qu'à la pousser en tenant la canne à bout de bras. Si je tombais en arrière, ce serait sur les montants du lit. Je me ferais très mal au dos et me retrouverais à l'hôpital.

## XXXII.

Mon épouse et moi nous sommes arrière-grands-parents. Lorsque je suis avec mon épouse dans sa chambre, et qu'un jeune soignant et une jeune soignante arrivent pour lui faire sa toilette, on me prie gentiment mais fermement de sortir. On referme la porte derrière moi.

## XXXIII.

Voici un complément d'informations évoquées au chapitre XI sur les employés de l'EHPAD :

Quand les deux portes donnant sur l'intérieur veulent bien s'ouvrir, on aperçoit, en entrant, à gauche le bureau de l'accueil. Là, on peut voir une dame très polie assise à son bureau. Je la rencontre souvent lorsque j'apporte des lettres à poster. Elle préfère que je les lui donne à la main et ne souhaite pas que je les mette dans la boîte aux lettres.

J'aperçois à quelques mètres la psychologue. Je ne vois pas les secrétaires qui travaillent dans les autres pièces.

Il y a les dames qui travaillent à la lingerie et le personnel qui œuvre en cuisine.

Il y a aussi deux factotums qui font des réparations et deux personnes qui nettoient tous les parquets avec un engin bruyant.


## XXXIV.

Mardi 10h50 Une de mes voisines crie « Alarme » à intervalles rapprochés. Puis j'entends des bruits de discussions pour moi presque inaudibles car ma porte est bien fermée. Ma voisine s'est arrêtée de crier grâce à la résolution rapide du problème.


## XXXV.

Parmi les 92 résidents de l'EHPAD il y en a 18 qui sont dans un secteur protégé. Ce sont ceux qui ont la maladie d'Alzheimer. A la fin de chaque mois, quand un chanteur ou une chanteuse « pousse la chansonnette » pour fêter les anniversaires, on peut en voir quelques-uns qui dansent en rythme.

## XXXVI.

La kiné m'a fait des massages de pieds. Cela m'a fait beaucoup de bien. J'aurais voulu en avoir encore ; eh bien non ! aujourd'hui, je dois marcher, marcher dans le couloir. En passant, je rentre dans la chambre de mon épouse. Il y fait froid. La kiné me dit qu'elle a mis une couverture sur elle. Heureuse initiative !

Mon épouse est "tombée dans les bras de Morphée". Je n'ose pas la réveiller. Peut-être qu'il va falloir faire davantage de contrôles, le matin pour savoir si la fenêtre est bien fermée car je ne voudrais pas qu'elle tombe malade ; mais y aller quand ? Il m'est souvent arrivé, dans le passé, de trouver porte close car on s'occupait d'elle à ce moment-là ! Et que ma présence n'était pas souhaitable.

## XXXVII.

J'ai rencontré le factotum n° 2. Nous nous sommes dit bonjour.

Il y a 2 ou 3 jours j'ai signalé à l'accueil que ma télé ne voulait plus montrer les images. Eh bien, ce problème a été résolu rapidement par ce technicien qui m'a expliqué gentiment le fonctionnement de la télécommande.

## XXXVIII.

En un an et demi, bien des choses ont changé : j'entends rarement des « allo ! allo ! » et aussi des « alarme », et des « à l'aide ».

C'est maintenant des : « Il y a quelqu'un ? » dit par une autre voisine.


## XXXIX.

M. L…me téléphone pour me proposer de jouer au scrabble. Rendez-vous est pris dans le hall d'entrée. Je prends la boîte de jeu et nous voilà assis à la longue table. De temps en temps un ou deux visiteurs passent à proximité en prononçant une formule de politesse. Il faut répondre ; mais cela perturbe le jeu…Bref ! ce n'est pas l'endroit idéal. Après deux parties, nous nous séparons en quittant l'ascenseur.


## XL.

En revenant dans ma chambre, je constate qu'elle a été lavée et aérée,

Mais je m'aperçois que mes sandales qui me servent aussi de pantoufles, ont été poussées, loin sous le lit. J'arrive à en agripper une avec la canne spéciale. Mais pas la seconde. J'en parle à une dame en bleu qui s'allonge sur le dos et arrive à l'attraper.

XLI.

Il est 5h du matin. Une de mes voisines un peu éloignée prononce : "Il y a quelqu'un ?" à intervalles réguliers toutes les minutes. Personne ne répond, ni le service de nuit, ni d'autres résidents. Je finis par m'endormir… Lorsque mon réveil sonne à 6h 50, les « il y a quelqu'un ? » s'entendent toujours. A 7 h15 ça s'arrête enfin, grâce à deux dames en bleu qui passaient par là : celles qui font le service des bas de contention !


XLII.

Ce matin, à 11h25, je suis allé voir mon épouse. Elle était en plein courant d'air, ne sachant pas appuyer sur le bouton rouge…J'ai refermé aussitôt la porte-fenêtre. Depuis combien de minutes cela dure-t-il ?

Mon épouse ne peut pas marcher, ne peut pas appeler pour demander un vêtement chaud, par exemple. La personne qui crée le courant d'air plus ou moins froid devrait y rester pendant quelques minutes pour le tester et le limiter à 10 ou 15 minutes. Si elle va s'occuper d'autre chose, elle risque d'oublier.

Et dans la salle attenante à la chambre, il y a la clim qui envoie de l'air froid !

## XLIII.

Depuis un an et demi, toutes les personnes qui passent devant ma porte-fenêtre n'ont pas remarqué un détail important : le revêtement du balcon est noir de crasse. Par contre celui de mon épouse est propre.


## XLIV.

Cette nuit est passée sans bruits, sans cris, sans appels : une nuit tranquille.

« Pourvu que cela doure » aurait dit la mère d'un grand empereur.


## XLV.

Jeudi 15 h C'est l'heure de la gymnastique. Pour rejoindre la salle à manger où des emplacements sont situés le long des baies vitrées, les résidents ont plusieurs façons d'y arriver :

Ceux qui marchent avec ou sans canne.

Ceux qui se déplacent seuls avec un déambulateur

Ceux qui ont besoin d'être poussés par quelqu'un

Tous les participants sont assis et imitent le prof qui proposent des mouvements avec ou sans objets tels que des élastiques, des raquettes, des ballons de baudruche, des barres...etc.

Le prof est assis lui aussi. Tout en montrant les gestes, et en comptant jusqu'à 10 à chaque fois, il commande : pieds joints, levez les talons puis, levez le genou droit, le genou gauche, la jambe droite, la gauche...

En déplaçant les chaises, il forme deux cercles. Dans l'un, il donne un ballon de baudruche, dans l'autre il ajoute une raquette. Et les exercices continuent pendant une heure quinze.

XLVI.

Vendredi 15h Pour fêter les anniversaires du mois de juillet, les chaises ont été déplacées, d'autres ont été ajoutées. Un accordéoniste joue des airs connus : Bambino, les Enfants du Pyrée, un chant mexicain... des danses comme le twist, le Boogie Woogie, un paso-doble, une valse...

L'ambiance est à la fête... Il y a plus de monde que d'habitude.

L'animatrice, passe son dernier jour et son dernier anniversaire à l'EHPAD.

A l'entracte, un morceau de gâteau est offert accompagné d'une boisson (cidre ou jus de fruits). Après quelques airs d'accordéon, chacun essaie de rejoindre sa chambre, soit tout seul, soit par quelqu'un qui le pousse.


## XLVII.

En arrivant dans la chambre, j'attends le repas du soir en lisant mon courrier qui a été porté par la dame de l'accueil.

Mon épouse qui ne peut pas marcher, est prise en charge par les aides -soignantes en rose qui la changent et la mettent au lit. Là, elle attend patiemment le repas du soir qui arrive sur un plateau vers 18h30.


## XLVIII.

Au petit déjeuner du matin, je récupère des fragments de mie de pain sur ma serviette. Ensuite, je les fais tomber sur le petit balcon. Une dizaine de petits oiseaux apparaissent bientôt.

En les observant, je constate que certains sautillent, s'approchent avec une extrême prudence, piquent un morceau de mie et s'envolent aussitôt.

D'autres veulent déguster sur place. C'est alors qu'un oiseau surgit et vole le même morceau.

Il y en a un qui pique un morceau, sautille près du bord du balcon et commence à déguster jusqu'au moment où la mie de pain disparaît dans le vide :

— Comme c'est bizarre ! doit-il se dire.

Il retourne chercher un autre morceau et commet la même erreur… jusqu'au moment où un voleur se présente. C'est le plus rapide qui l'emporte et s'envole aussitôt.

## XLIX.

Une tourterelle se pose et s'approche lentement et prudemment tout en observant avec son petit œil rond... Elle picore d'abord des petites miettes, avant de s'attaquer aux grosses pendant que les petits oiseaux s'approchent et font diminuer rapidement le nombre de miettes. La tourterelle ne semble pas en prendre conscience tout en piétinant la nourriture.

Soudain une deuxième tourterelle se pose et essaie de chasser la première en voulant la piquer. Les deux tourterelles s'envolent, l'une pourchassant l'autre avec un bruit d'ailes.

C'est alors qu'apparait un pigeon vorace et bien nourri qui fait disparaître les derniers bouts de pain, même les plus durs à avaler.

L.

De ma baie vitrée, j'aperçois le parking où plusieurs voitures sont garées.

Il y a des bancs où l'on peut s'assoir à quatre. Mais je les trouve trop creux.

Si l'on s'y met on s'y trouve bien ; mais quand on veut se lever pour continuer la promenade, on a beaucoup de mal à s'extirper.

On peut accéder au côté ouest à partir de la salle à manger. A côté de la porte de sortie, des dames fument. Le lieu de promenade est plus vaste avec ses chemins, ses grands arbres, ses espaces verts et ses bancs.


LI.

Quelquefois des avions bruyants passent au-dessus de l'Ehpad. Je les entends ; mais je ne les vois pas. Pour les voir, je dois regarder par la baie vitrée de la chambre de mon épouse. Ils se dirigent tous vers l'aéroport.

Ce matin, l'une de mes voisines prononce des « allo » toutes les vingt secondes. Une autre semble lui répondre en disant « Il y a quelqu'un ? »

Suite à des éclats de voix dans le couloir, elles se taisent. Il faut essayer d'être compréhensif. Ces voisines souhaitent parler, soit avec un membre de leur famille, soit avec quelqu'un de l'Ehpad.


## LII.

C'est le matin. J'attends trois choses : les bas de contention, le petit déjeuner et l'infirmière qui apporte la gélule.

Comment tout cela se répartit-il ?

Eh bien ! les bas entre 7h15 et 7h35, le petit déjeuner entre 7h50 et 8h15 et le médicament entre 8h20 et 8h45.

A 9h20 une dame en bleu vient chercher le plateau du petit-déjeuner et une autre vient faire le lit.

Il ne faut pas espérer être tranquille. Il y a souvent quelqu'un qui toque à la porte avant d'entrer : par exemple la personne qui vient nous rappeler qu'il faut descendre faire de la gymnastique, assister à un événement musical, au jeu : « Qui veut gagner des Millions », au Loto, voir un film en N et B, après-midi scrabble, Quiz musical, etc.


## LIII.

La petite pièce contiguë à ma chambre est appelée « ménage ». Elle est située presque en face de celle de ma voisine qui crie des « alarme » et des « au secours ».

Tous les matins, vers 6h45, elle claque bruyamment. Et cela depuis que je suis arrivé à l'EHPAD.


## LIV.

« Il faut toujours vérifier le travail des dames en bleu… et des autres.  Voici quelques exemples :

Ce matin, j'ai voulu mettre un slip propre. J'ai pris le premier de la pile apportée par la dame de la lingerie, en lui faisant toute confiance.

J'ai trouvé qu'il avait un air bizarre et inhabituel. Après l'avoir mis, j'ai ressenti une grande gêne. Je ne pouvais pas le garder. J'ai donc enlevé mon pantalon ainsi que le sous-vêtement. J'ai regardé le nom et …oh stupeur ! c'était un nom féminin !!! J'avais mis une culotte de dame !!

Je crois bien que c'est la première fois que cela m'arrive. Il faut que je prenne cet incident d'une manière positive en me disant que l'erreur est humaine et qu'il fallait que ça me serve de leçon. »

« Un matin, vers 7h 15 deux dames en bleu sont venues enfiler les bas de contention en parlant haut et fort.  Pour cela, il faut que je sois allongé sur le dos. Je ne peux donc pas voir mes jambes. D'habitude, dès qu'un bas est enfilé, je passe mon index sur la partie haute. Si elle est lisse, le bas est mis correctement. Dans le cas contraire, elle ne l'est pas ! Ce fut le cas pour ce matin-là.

Le temps que je réagisse, et les dames étaient dans le couloir. J'ai dû résoudre ce problème inhabituel ! »


LV.


Il y a une semaine environ, en sortant de ma chambre, j'ai vu deux résidentes dans le couloir. L'une d'elles m'a fait remarquer que la chambre de ma gentille voisine était vide. L'un des factotums qui était présent m'a dit que la dame qui disait « allo » était décédée. Cela m'a beaucoup attristé.

Je me souviens de l'une de ses phrases : « allo ! allo maman ! allo papa ! allo mamie ! »

Je n'osais pas entrer dans sa chambre pour voir si elle pouvait téléphoner.

J'envisageais de demander à l'accueil le numéro de ses parents.

La disparition de ma gentille voisine qui disait « allo » me pousse à ajouter ces quelques mots :

L'EHPAD est un monde à part. On y rencontre des personnes qui ont entre 82 et 100 ans, surtout des dames. Au repas de midi, dans la salle polyvalente, les convives se tiennent bien. Certains mangent dans leur chambre.

Il faut essayer d'être patient et indulgent avec les personnes qui sont bruyantes, surtout la nuit, et trouver une solution à ce problème.

PARTIE II


Extraits de mon livre : J'étais I.P.S. en Algérie


L'un de mes frères ayant obtenu une direction à l'Ecole de l'Oued à Biskra me suggéra de demander mon changement pour le sud-algérien. Je l'obtins et fus nommé à Bouchagroun, palmeraie située non loin du massif des Zibans, à une dizaine de kilomètres de Tolga où se trouvent le CEG le plus proche et le bureau de Poste.

La pluie et la boue de Tamalous étaient loin. Il y avait maintenant le soleil, les dattes et, au mois d'octobre les mouches. Les élèves en avaient autour des yeux et de la bouche ; mais ils restaient impassibles. Par contre, mes collègues et moi, nous n'arrêtions pas de les chasser, en vain, avec la main.

Les classes en préfabriqué et les logements étaient disposés en carré ; il y avait des classes de filles et des classes de garçons ; mais tous les élèves jouaient dans la même cour.

Il n'y avait pas d'eau courante, pas d'électricité.

Au début, nous prenions nos repas au poste militaire situé à deux ou trois cents mètres. Plus tard, nous fîmes la cuisine nous-mêmes en utilisant la cocotte-minute à chaque repas.

Tous les jours de classe, à 11h30, les élèves se mettaient en rang dans la cour et buvaient chacun un verre de lait. En effet, chaque école recevait des grands sacs de lait en poudre qu'il fallait diluer et distribuer.

Tous les jours aussi, chaque maître devait mettre des gouttes dans les yeux des élèves pour lutter contre le trachome transmis par les mouches. Il fallait ensuite se laver soigneusement les mains pour ne pas être contaminé. C'était un des risques du métier.

Quelquefois, le vent de sable soufflait tellement fort que les palmiers étaient malmenés.

Il fallait se protéger les yeux car le sable s'insinuait partout, entrait dans les bâtiments préfabriqués. Il fallait rincer la cocotte-minute, les assiettes, les verres pour ne pas croquer du sable. Pendant la journée ou la nuit, des rafales de vent terribles s'engouffraient bruyamment entre le toit et le double toit. On entendait après le bruit du sable qui s'écoulait sur la pente métallique.

Le matin, en se réveillant, il fallait regarder dans ses chaussures si un scorpion ne s'y était pas installé.

15 novembre 1960 Cet après-midi leçon d'éducation physique dans la cour. Les quatre équipes évoluaient quand un avion de chasse passa assez bas. Je levai les bras pour le saluer et fis signe à mes élèves d'en

faire autant si bien que l'avion vira de bord et piqua vers l'école. Je le vis se diriger vers nous…Il grossit de plus en plus. Les élèves quittèrent leur ordre. L'avion passa à une distance qui me parut très courte avec un bruit de tonnerre et disparut à l'horizon.

Quand un avion pique vers soi, il représente soudain un danger potentiel. Le premier réflexe est de se coucher à plat ventre ou de fuir. Je réussis à me dominer afin de ne pas montrer à mes élèves un triste spectacle qui aurait abaissé mon prestige.

Biskra est une très grande palmeraie située au sud-ouest du Massif des Aurès. Pendant le jour, il fait très chaud. Pendant la nuit, également, car la chaleur emmagasinée descend des Aurès. On disait que c'était une des villes les plus chaudes du monde.

A la sortie de cette grande ville et en direction des Aurès, la route était parfois submergée par l'oued. Les enseignants qui exerçaient dans les écoles situées au-delà, par exemple celle de Sidi-Okba ne pouvaient plus passer ni dans un sens ni dans l'autre.

Un jour, alors que je déambulais dans la ville, je passai à côté de la statue du cardinal Lavigerie. L'école proche qui est située au centre-ville, ainsi que l'hôpital portent son nom. Pas loin de ce monument, des calèches attendent patiemment l'arrivée des touristes.

Un peu plus loin, je m'arrêtai sur une place, me dirigeai vers une terrasse de café, m'assis à une table, et commandai une boisson. Là, je pus discuter avec d'autres instructeurs venus d'autres bleds. Puis, j'allai me promener dans les rues avoisinantes. Plus loin, j'empruntai pour la première fois la Rue des Balcons où plusieurs femmes faisaient le commerce de leurs charmes.

Les distractions que l'on trouvait à Biskra étaient le café et sa terrasse, un bain maure, le cinéma et le « Point Bleu ». On allait au bain maure parce qu'on n'avait pas d'eau dans le logement de fonction et qu'il fallait se décrasser au moins une fois par semaine. On allait au cinéma pour voir des films et acheter des graines de citrouille grillées que les enfants vendaient dans des petits sachets ; ou bien en profiter pour commander une gazouze.

Je décidais de revenir comme mon frère en Algérie indépendante.

J'obtins la direction d'une école à 3 classes à Lioua, palmeraie située à une dizaine de kilomètres après Tolga et à une quarantaine de kms de Biskra. Je m'y rendis avec ma Simca.

L'école était composée de trois salles de classe, d'un préau et de deux logements contigus. L'un des garages était occupé par le bureau politique. Le drapeau algérien flottait à l'extérieur.

J'allai voir le chef du bureau politique pour lui demander poliment de déménager dans le bâtiment extérieur. Mais celui-ci ne voulut rien savoir. Il voulait rester dans l'enceinte scolaire.

Un jour, sans me prévenir, mes deux adjoints français sortirent la table et les chaises du garage sans toucher au drapeau algérien.

J'étais dans ma classe quand le chef du bureau politique, très en colère, vint frapper à la porte. Je dus l'accompagner pour constater le déménagement.

Il aurait été utile de voir le maire qui était calme et avisé pour résoudre ce problème délicat ; mais il fallait s'occuper du présent.

En effet :

Le chef du bureau, courroucé, me menaçait verbalement en me désignant…L'un de mes adjoints était sous le préau, les mains en l'air, sous la menace d'un pistolet ; l'autre devait s'occuper de la surveillance des trois classes.

Puis, mon adjoint fut emmené dans le garage où il fut frappé à plusieurs reprises pour l'obliger à sortir le drapeau qui était posé dans un coin…A chaque fois, je lui intimai l'ordre de ne pas y toucher.

Je savais que mon adjoint était conscient de la gravité de la situation et qu'il n'obéirait pas à cet ordre ; mais je sentais confusément que contre le pouvoir politique tout -puissant et armé, il fallait opposer un contre-pouvoir : celui de la hiérarchie scolaire.

Je m'adressai à mon adjoint :

— Ne le touche pas ! Tu dois obéir au directeur !

Le chef algérien frappait mon adjoint et lui intimait de nouveau cet ordre :

— Sors le drapeau ! Je répondais à chaque fois :

— Ne le touche pas ! Obéis au directeur !

Et les minutes s'égrenèrent….

A la fin, le chef du bureau dit : -Je vais aller voir le maire.

J'avais une trentaine de minutes devant moi. Je devais prendre une décision rapide.

— Renvoyons les élèves chez eux. Fermons l'école et partons à Biskra.

Les élèves rangèrent leurs affaires, se mirent en rang et sortirent. Les portes furent fermées. Et le corps enseignant, au complet, quitta la palmeraie….

L'inspecteur primaire fut prévenu. J'allai voir mon frère et lui exposai la situation.

Le bureau politique de Biskra fut alerté…Une délégation rencontra le bureau politique de Lioua…

En repensant à tête reposée à cet évènement, il pensa que le maire aurait pu résoudre le problème, car c'était un homme calme et avisé.

*Monument du Cardinal Lavigerie à Biskra (Algérie française) en 1960.*
*La statue a été démontée ensuite.*

*Ecole de Bouchagroun vue depuis le poste militaire français.*

*Ecole de Lioua (Algérie algérienne)*

# PARTIE III

## Le gondolys

Quand la fin de l'année scolaire arriva, je pris l'avion et retrouvai mon pays natal. Je repris le chemin de la plage et mes promenades en gondolys.

*Plage de l'Ile-Rousse (Haute-Corse)*

C'était une planche sans voile. Les premiers étaient blancs, à fond plat, évasés à l'endroit où l'on se mettait debout : tenant à l'aide des deux mains une pagaie, plate à chaque extrémité, Robert pagayait une fois à bâbord, une fois à tribord en se courbant et en pliant les genoux. Lorsqu'il y avait des vagues en rouleaux, il devait le positionner perpendiculairement à la déferlante, sans quoi, il était déstabilisé et projeté dans la mer. Il risquait alors d'être assommé par l'engin qui était très lourd et qui était emporté vers la plage. De plus il perdait la pagaie. Il fallait faire très attention aux vagues arrières et aux vagues arrivant parallèlement au gondolys. Pour lutter contre ces forces naturelles, il devait, soit s'accroupir pour déplacer le centre de gravité, soit changer de cap au plus vite. Garder la maîtrise du gondolys était impérieux, car il y avait des baigneurs à proximité.